MON LIVRE

de *grossesse*

&

SOUVENIRS

de ta

première année

D1729165

ÉDITION

PETIT à PETIT

Sommaire

66

« La famille, c'est là où la vie commence & où l'amour ne finit jamais »

IL ÉTAIT UNE FOIS...
NOTRE FAMILLE

Parce que notre histoire avec ton papa fait aussi partie de la tienne, je voudrais te parler un peu de nous avant ton arrivée...

Je suis ta maman, je m'appelle :

....

je suis née le ....

à ....

j'ai donc .... ans au moment où je t'écris.

Ton papa s'appelle :

....

il est né le ....

à ....

il a donc .... ans.

Voici quelques photos de nous deux
avant ton arrivée...

Nous nous sommes rencontrés
le ....
à ....

J'imagine que tu souhaites plus de détails... Voici comment notre histoire
a commencé :

....
....
....
....
....
....
....
....
....
....
....
....
....
....
....
....
....
....
....
....
....
....
....

avant ton arrivée...

FRÈRES & SOEURS

Avant ton arrivée, tu avais déjà un grand frère ou une grande sœur ?

TES GRANDS-PARENTS *maternels*

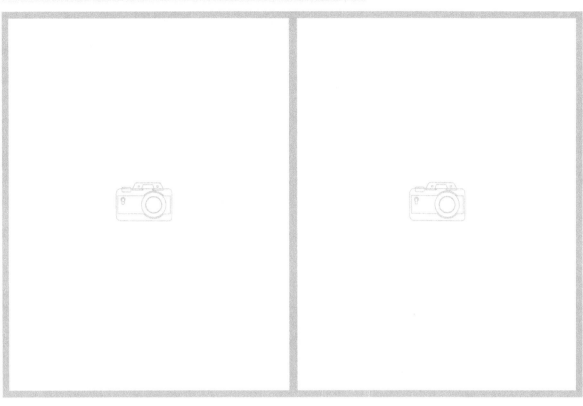

La maman de maman s'appelle

Le papa de maman s'appelle

TES GRANDS-PARENTS *paternels*

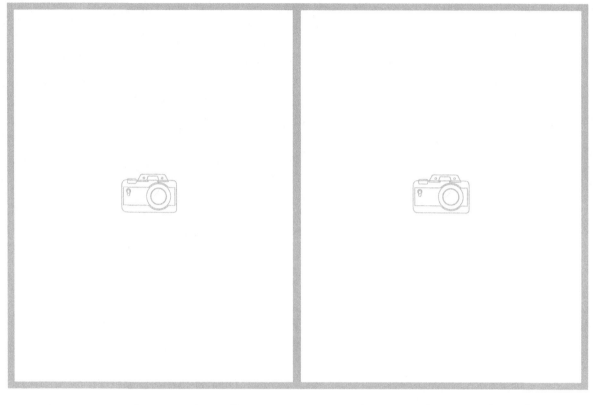

La maman de papa s'appelle

Le papa de papa s'appelle

*un petit mot
sur eux !!*

My Family Tree

notre famille

au complet !

15

**« Un peu de papa, un peu de maman...
et voilà le résultat !! »**

IL ÉTAIT UNE FOIS...
MA GROSSESSE

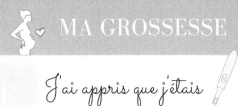
QUELLE SURPRISE

J'ai appris que j'étais enceinte le : ....

Voici comment je m'en suis aperçue : ....
....
....

Mon tout premier ressenti...
....
....
....
....
....
....
....
....
....
....
....
....
....
....
....
....
....
....
....

ANNONCE À TON PAPA

Je ne pouvais pas garder ce magnifique secret pour moi toute seule !
Voici comment je l'ai annoncé à ton papa...

...sa réaction :

...et leurs réactions !!

MES RENDEZ-VOUS

Durant ces neuf mois, j'ai dû enchaîner des rendez-vous médicaux, multiplier des visites au laboratoire pour faire des analyses, rencontrer ma sage-femme, etc...

date	avec qui ?	commentaires

date	avec qui ?	commentaires

LE 1ᴱᴿ MOIS

J'ai fait suivre ma grossesse par ....

Je n'oublierai jamais ma toute
première échographie... ♡
Un moment très intense et riche
en émotions !!!

Lors de cette séance j'ai pu voir :

....

....

....

J'étais accompagnée de ....

....

Ma première échographie

La date présumée de début de grossesse : ....

Voici mes ressentis de cette toute première séance...

....

....

....

....

....

....

....

....

....

Mes symptômes :

☐ .... ☐ ....
☐ .... ☐ ....
☐ .... ☐ ....
☐ .... ☐ ....
☐ .... ☐ ....

...une petite envie de décrire comment j'ai vécu ce 1er mois

LE 2ÈME MOIS

J'ai eu rendez-vous le .... avec ....

J'en étais à ma .... SA + ... jrs
(Semaine Aménorrhée)

Lors de cette séance j'ai pu voir :

....
....
....
....

Ce jour là j'étais :
○ seule ○ avec ....

Ma seconde échographie

Ce mois-ci j'ai ○ pris ○ perdu .... Kg(s) ....

Voici mes ressentis de cette séance...

....
....
....
....
....
....
....
....
....
....

Mes symptômes :

☐ .... ☐ ....

☐ .... ☐ ....

☐ .... ☐ ....

☐ .... ☐ ....

☐ .... ☐ ....

...une petite envie de décrire comment j'ai vécu ce 2ème mois

LE 3ᵉᵐᵉ MOIS

J'ai eu rendez-vous le .... avec ....

J'en étais à ma .... SA + ... jrs
(Semaine Aménorrhée)

Lors de cette séance j'ai pu voir :
et même entendre :

....

....

....

....

Ce jour là j'étais :
○ seule   ○ avec ....

Ma troisième échographie

Ce mois-ci j'ai ○ pris ○ perdu .... Kg(s) ....

Voici mes ressentis de cette séance...

....

....

....

....

....

....

....

....

....

....

Mes symptômes :

☐ ....   ☐ ....
☐ ....   ☐ ....
☐ ....   ☐ ....
☐ ....   ☐ ....
☐ ....   ☐ ....

...une petite envie de décrire comment j'ai vécu ce 3ème mois

Important : La 1ère consultation avec mon médecin ou sage-femme doit se dérouler avant la fin de mon 3ème mois de grossesse. Avant la fin des 14 semaines de grossesse, le médecin devra télétransmettre (avec ma carte vitale) ma déclaration de grossesse à la caisse d'assurance maladie et à la CAF ou à la MSA.

LE 4ᵉᵐᵉ MOIS

J'ai eu rendez-vous le .... avec ....

J'en étais à ma .... SA + ... jrs
(Semaine Aménorrhée)

Lors de cette séance j'ai pu voir :
et même entendre :

....

....

....

....

Ce jour là j'étais :
○ seule ○ avec ....

Ma quatrième échographie

Ce mois-ci j'ai ○ pris ○ perdu .... Kg(s) ....

Voici mes ressentis de cette séance...

....

....

....

....

....

....

....

....

....

....

Mes symptômes :

☐ .... ☐ ....
☐ .... ☐ ....
☐ .... ☐ ....
☐ .... ☐ ....
☐ .... ☐ ....

...une petite envie de décrire comment j'ai vécu ce 4ème mois

Notes : à partir de ce mois-ci je peux commencer ma 1ère séance de préparation à l'accouchement et à la parentalité. Les séances suivantes me seront prescrites au cours de mon 7ème mois de grossesse.

Important : si je ne suis pas immunisée contre la toxoplasmose, la sérologie toxoplasmique devra être répétée chaque mois à compter de ce mois.

LE 5ÈME MOIS

J'ai eu rendez-vous le .... avec ....

J'en étais à ma .... SA + ... jrs
(Semaine Aménorrhée)

Lors de cette séance j'ai pu voir :
et même entendre :

....
....
....
....

Ce jour là j'étais :
○ seule ○ avec ....

Ma cinquième échographie

Ce mois-ci j'ai ○ pris ○ perdu .... Kg(s) ....

Voici mes ressentis de cette séance...

....
....
....
....
....
....
....
....
....
....

Mes symptômes :

☐ .... ☐ ....
☐ .... ☐ ....
☐ .... ☐ ....
☐ .... ☐ ....
☐ .... ☐ ....

...une petite envie de décrire comment j'ai vécu ce 5ème mois

LE 6ᵉᵐᵉ MOIS

J'ai eu rendez-vous le .... avec ....

J'en étais à ma .... SA + ... jrs
(Semaine Aménorrhée)

Lors de cette séance j'ai pu voir :
et même entendre :

....

....

....

Ce jour là j'étais :
○ seule   ○ avec ....

Ma sixième échographie

Ce mois-ci j'ai ○ pris ○ perdu .... Kg(s) ....

Voici mes ressentis de cette séance...

....

....

....

....

....

....

....

....

....

....

Mes symptômes :

- ☐ ....
- ☐ ....
- ☐ ....
- ☐ ....
- ☐ ....

- ☐ ....
- ☐ ....
- ☐ ....
- ☐ ....
- ☐ ....

...une petite envie de décrire comment j'ai vécu ce 6ème mois

LE 7ᵉᵐᵉ MOIS

J'ai eu rendez-vous le .... avec ....

J'en étais à ma .... SA + ... jrs
(Semaine Aménorrhée)

Lors de cette séance j'ai pu voir :
et même entendre :

....

....

....

....

Ce jour là j'étais :
○ seule   ○ avec ....

Ma septième échographie

Ce mois-ci j'ai ○ pris ○ perdu .... Kg(s) ....

Voici mes ressentis de cette séance...

....

....

....

....

....

....

....

....

....

....

Mes symptômes :

☐ ....   ☐ ....
☐ ....   ☐ ....
☐ ....   ☐ ....
☐ ....   ☐ ....
☐ ....   ☐ ....

...une petite envie de décrire comment j'ai vécu ce 7ème mois

Notes : à partir de ce mois-ci je peux faire mes 7 séances de préparation à l'accouchement et à la parentalité.

LE 8ᴱᴹᴱ MOIS

J'ai eu rendez-vous le .... avec ....

J'en étais à ma .... SA + ... jrs
(Semaine Aménorrhée)

Lors de cette séance j'ai pu voir :
et même entendre :

....

....

....

....

Ce jour là j'étais :
○ seule   ○ avec ....

Ma huitième échographie

Ce mois-ci j'ai ○ pris ○ perdu .... Kg(s)   ....

Voici mes ressentis de cette séance...

....

....

....

....

....

....

....

....

....

....

Mes symptômes :

☐ .... ☐ ....
☐ .... ☐ ....
☐ .... ☐ ....
☐ .... ☐ ....
☐ .... ☐ ....

...une petite envie de décrire comment j'ai vécu ce 8ème mois

LE 9ᵉᵐᵉ MOIS

J'ai eu rendez-vous le .... avec ....

J'en étais à ma .... SA + ... jrs
(Semaine Aménorrhée)

Lors de cette séance j'ai pu voir :
et même entendre :

....

....

....

....

Ce jour là j'étais :
○ seule   ○ avec ....

Ma neuvième échographie

Ce mois-ci j'ai ○ pris ○ perdu .... Kg(s) ....

Voici mes ressentis de cette séance...

....

....

....

....

....

....

....

....

....

Mes symptômes :

- ☐ ....
- ☐ ....
- ☐ ....
- ☐ ....
- ☐ ....

- ☐ ....
- ☐ ....
- ☐ ....
- ☐ ....
- ☐ ....

...une petite envie de décrire comment j'ai vécu ce 9ème mois

L'évolution de mon petit ventre...

1

le : ....

2

le : ....

3

le : ....

4

le : ....

5

6

le : ....

le : ....

7

8

le : ....

le : ....

Des souvenirs de mon dernier mois...

NOTES / TO DO

FILLE OU GARÇON

Le savions-nous ? Si oui, quand l'avions-nous appris ? Voici notre réaction...

....
....
....
....
....
....
....
....
....
....

TON PRÉNOM

En quelques mots :
Pas facile de se décider !!!

Il nous en a fallu du temps pour choisir TON prénom !!!!

Nous aimions bien :

...mais aussi

Nous nous sommes ENFIN décidés le : ....

avec en tête de liste : ☐ .... ☐

Voici la signification de TON prénom : ....

....

....

....

....

....

....

....

....

....

Avons-nous gardé ce secret pour nous ?   ○ oui   ○ non

....

....

....

....

....

....

 **TA CHAMBRE**  *Rose, bleue, verte ou jaune ?*

Nous avons pris beaucoup de plaisir à préparer ta chambre et à te créer un vrai nid douillé !!!! Nous voulions que tout soit parfait !!! Voici ce que nous avons fait :

....

....

....

....

....

....

....

....

....

....

....

Ce que nous avons acheté :

☐ ....

☐ ....

☐ ....

☐ ....

☐ ....

☐ ....

☐ ....

☐ ....

☐ ....

☐ ....

☐ ....

☐ ....

☐ ....

☐ ....

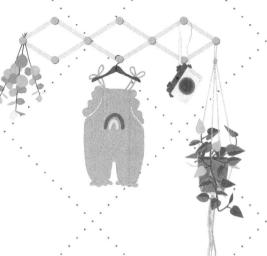

Voici le rendu...

 TES HABITS

Quel bonheur de plier tes petits vêtements et surtout de t'imaginer dedans d'ici quelques mois ou jours... Une sensation unique que j'ai ressentie grâce à toi...

ou presque...

Il a bien fallu que j'arrête le travail avant ton arrivée et que je pense à me reposer...

BABY SHOWER

...*organisée par :*

J'ai eu droit à une petite fête pour célébrer ta future naissance...

Une journée idéale pour partager un bon moment avec ma famille et amies autour de jeux, de surprises et de détente tout en faisant le plein de douceurs...

Les invitées :

Le thème de la journée :

....

Ce que nous avons fait :

Nous avons été énormément gâtés :

Baby Shower

Nos souvenirs de cette journée !!!

MON PROJET DE NAISSANCE

Parce que l'accouchement est un moment très personnel et unique, voici ce que je souhaitais comme projet de naissance...

pour la maternité !!

NOTRE VALISE

Ça y est le grand jour approchait... Il était temps de préparer notre valise pour la maternité !!! Un mélange d'excitation, de joie mais aussi je t'avoue, un peu de stress et d'appréhension...

⚠ *Ne pas oublier :* ⚠

☐
☐
☐
☐
☐
☐
☐
☐
☐
☐
☐
☐
☐
☐
☐
☐
☐
☐
☐
☐
☐
☐
☐
☐

NOTES / TO DO

66

« La naissance d'un bébé est la preuve vivante de l'amour. »

IL ÉTAIT UNE FOIS...
TA NAISSANCE

...AVANT TON ARRIVÉE

Quelle aventure !!

Voici comment se sont déroulées les minutes ou heures avant ta naissance...

TA NAISSANCE...

 Tu es né(e) le :

....

 à : .... h ....

 à la maternité de :

....

....

 ton signe astrologique :

....

 ton poids : ....

 ta taille : ....

notre toute première photo ensemble...

Un moment intense où le le temps s'arrête...

"Personne ne peut imaginer la force de mon amour pour toi... Après tout, tu es le seul (ou la seule) à connaître le bruit de mon cœur de l'intérieur."

Love

♥ *Quelques mots de ta maman...* ♥

nous deux...

toi et papa !!

Ton papa aussi était très ému le jour où il t'a vu pour la première fois...
Je suis sûre que tu souhaites connaître ses ressentis...

💗 *Quelques mots de ton papa...* 💗

TES PREMIÈRES FOIS

ta 1ère auscultation :

tes premiers habits :

ton 1er repas :

ta 1ère journée :

ton 1er changement de couche :

ton 1er bain :

...lorsque tu entends le son de nos voix :

...dans les bras de maman :

...dans les bras de papa :

ta 1ère nuit :

ton 1er sourire :

ta rencontre avec doudou :

ALLAITEMENT OU BIBERON

Quel bonheur de t'avoir enfin contre moi...

Un choix personnel que seule une maman peut décider...

....

....

....

....

....

....

....

....

....

....

....

Je t'aime tellement...

à la maternité !!

Tout le personnel médical a été aux petits soins pour nous deux.

Beaucoup d'informations et de conseils m'ont été donnés à ce moment là, et j'ai préféré les écrire ici pour ne rien oublier !!

To do list :

- [ ]
- [ ]
- [ ]
- [ ]
- [ ]
- [ ]
- [ ]
- [ ]
- [ ]
- [ ]
- [ ]
- [ ]
- [ ]
- [ ]
- [ ]
- [ ]
- [ ]
- [ ]
- [ ]

Un bébé demande du temps, de la patience et bien sûr de l'organisation !

Grâce à ces quelques fiches de suivi, j'ai pu tout noter au même endroit : les repas, les dodos, les changements de couches, la prise de médicaments ou les soins...

J'ai même pu écrire quelques mots chaque journée !!

♡ *fiches de suivi* ♡

Jour 1

Allaitement / Biberon

Heure	Quantité	Sein G / D		Commentaires
h	mL/g	O	O	
h	mL/g	O	O	
h	mL/g	O	O	
h	mL/g	O	O	
h	mL/g	O	O	
h	mL/g	O	O	
h	mL/g	O	O	
h	mL/g	O	O	
h	mL/g	O	O	

Couches

		Commentaires
O	O	
O	O	
O	O	
O	O	
O	O	
O	O	
O	O	
O	O	
O	O	

Dodos

h	à	h	h	à	h
h	à	h	h	à	h
h	à	h	h	à	h
h	à	h	h	à	h

Activités

Médicaments et soins

Heure	Nom	Posologie
h		
h		
h		
h		

Bain

O Oui   O Non

Commentaires

Un petit mot de cette journée...

Jour 2

○ Lun ○ Mar ○ Mer ○ Jeu ○ Ven ○ Sam ○ Dim

Allaitement / Biberon

Heure	Quantité	Sein G / D		Commentaires
......h......	......mL/g	○	○	....
......h......	......mL/g	○	○	....
......h......	......mL/g	○	○	....
......h......	......mL/g	○	○	....
......h......	......mL/g	○	○	....
......h......	......mL/g	○	○	....
......h......	......mL/g	○	○	....
......h......	......mL/g	○	○	....
......h......	......mL/g	○	○	....

Couches

		Commentaires
○	○	....
○	○	....
○	○	....
○	○	....
○	○	....
○	○	....
○	○	....
○	○	....
○	○	....

Dodos

......h......	à	......h......	......h......	à	......h......
......h......	à	......h......	......h......	à	......h......
......h......	à	......h......	......h......	à	......h......
......h......	à	......h......	......h......	à	......h......

Activités

Médicaments et soins

Heure	Nom	Posologie	Commentaires
......h......			
......h......			
......h......			
......h......			

Bain

○ Oui   ○ Non

Un petit mot de cette journée...

_____

_____

_____

_____

_____

_____

_____

Jour 3

○ Lun ○ Mar ○ Mer ○ Jeu ○ Ven ○ Sam ○ Dim

Allaitement / Biberon

Heure	Quantité	Sein G / D		Commentaires
h	mL/g	○	○	
h	mL/g	○	○	
h	mL/g	○	○	
h	mL/g	○	○	
h	mL/g	○	○	
h	mL/g	○	○	
h	mL/g	○	○	
h	mL/g	○	○	
h	mL/g	○	○	

Couches

		Commentaires
○	○	
○	○	
○	○	
○	○	
○	○	
○	○	
○	○	
○	○	
○	○	

Dodos

h	à	h	h	à	h
h	à	h	h	à	h
h	à	h	h	à	h
h	à	h	h	à	h

Activités

Médicaments et soins

Heure	Nom	Posologie	Commentaires
h			
h			
h			
h			

Bain

○ Oui ○ Non

Un petit mot de cette journée...

Jour 4

○ Lun ○ Mar ○ Mer ○ Jeu ○ Ven ○ Sam ○ Dim

Allaitement / Biberon

Heure	Quantité	Sein G / D		Commentaires
h	mL/g	○	○	
h	mL/g	○	○	
h	mL/g	○	○	
h	mL/g	○	○	
h	mL/g	○	○	
h	mL/g	○	○	
h	mL/g	○	○	
h	mL/g	○	○	
h	mL/g	○	○	

Couches

	Commentaires
○ ○	
○ ○	
○ ○	
○ ○	
○ ○	
○ ○	
○ ○	
○ ○	
○ ○	

Dodos

h	à	h	h	à	h
h	à	h	h	à	h
h	à	h	h	à	h
h	à	h	h	à	h

Activités

Médicaments et soins

Heure	Nom	Posologie
h		
h		
h		
h		

Bain

○ Oui   ○ Non

Commentaires

Un petit mot de cette journée...

Jour 5

○ Lun ○ Mar ○ Mer ○ Jeu ○ Ven ○ Sam ○ Dim

Allaitement / Biberon

Heure	Quantité	Sein G / D		Commentaires
....h....	......mL/g	○	○	....
....h....	......mL/g	○	○	....
....h....	......mL/g	○	○	....
....h....	......mL/g	○	○	....
....h....	......mL/g	○	○	....
....h....	......mL/g	○	○	....
....h....	......mL/g	○	○	....
....h....	......mL/g	○	○	....
....h....	......mL/g	○	○	....

Couches

💧	💩	Commentaires
○	○	....
○	○	....
○	○	....
○	○	....
○	○	....
○	○	....
○	○	....
○	○	....
○	○	....

Dodos

....h....	à	....h....	....h....	à	....h....
....h....	à	....h....	....h....	à	....h....
....h....	à	....h....	....h....	à	....h....
....h....	à	....h....	....h....	à	....h....

Activités

Médicaments et soins

Heure	Nom	Posologie
....h....	....	....
....h....	....	....
....h....	....	....
....h....	....	....

Bain

○ Oui ○ Non

Commentaires

Un petit mot de cette journée...

Jour 6

○ Lun ○ Mar ○ Mer ○ Jeu ○ Ven ○ Sam ○ Dim

Allaitement / Biberon

Heure	Quantité	Sein G / D		Commentaires
....h....	......mL/g	○	○	
....h....	......mL/g	○	○	
....h....	......mL/g	○	○	
....h....	......mL/g	○	○	
....h....	......mL/g	○	○	
....h....	......mL/g	○	○	
....h....	......mL/g	○	○	
....h....	......mL/g	○	○	
....h....	......mL/g	○	○	

Couches

	Commentaires
○ ○	
○ ○	
○ ○	
○ ○	
○ ○	
○ ○	
○ ○	
○ ○	
○ ○	

Dodos

....h....	à	....h....	....h....	à	....h....
....h....	à	....h....	....h....	à	....h....
....h....	à	....h....	....h....	à	....h....
....h....	à	....h....	....h....	à	....h....

Activités

Médicaments et soins

Heure	Nom	Posologie
....h....		
....h....		
....h....		
....h....		

Bain

○ Oui   ○ Non

Commentaires

Un petit mot de cette journée...

Jour 7

Allaitement / Biberon

Heure	Quantité	Sein G / D		Commentaires
h	mL/g	◯	◯	
h	mL/g	◯	◯	
h	mL/g	◯	◯	
h	mL/g	◯	◯	
h	mL/g	◯	◯	
h	mL/g	◯	◯	
h	mL/g	◯	◯	
h	mL/g	◯	◯	
h	mL/g	◯	◯	

Couches

		Commentaires
◯	◯	
◯	◯	
◯	◯	
◯	◯	
◯	◯	
◯	◯	
◯	◯	
◯	◯	
◯	◯	

Dodos

h	à	h	h	à	h
h	à	h	h	à	h
h	à	h	h	à	h
h	à	h	h	à	h

Activités

Médicaments et soins

Heure	Nom	Posologie
h		
h		
h		
h		

Bain

◯ Oui   ◯ Non

Commentaires

Un petit mot de cette journée...

74

Jour 8

Allaitement / Biberon

Heure	Quantité	Sein G / D		Commentaires
.....h.....	.......mL/g	O	O	
.....h.....	.......mL/g	O	O	
.....h.....	.......mL/g	O	O	
.....h.....	.......mL/g	O	O	
.....h.....	.......mL/g	O	O	
.....h.....	.......mL/g	O	O	
.....h.....	.......mL/g	O	O	
.....h.....	.......mL/g	O	O	
.....h.....	.......mL/g	O	O	

Couches

		Commentaires
O	O	
O	O	
O	O	
O	O	
O	O	
O	O	
O	O	
O	O	
O	O	

Dodos

...h...	à	...h...	...h...	à	...h...
...h...	à	...h...	...h...	à	...h...
...h...	à	...h...	...h...	à	...h...
...h...	à	...h...	...h...	à	...h...

Activités

Médicaments et soins

Heure	Nom	Posologie
...h...		
...h...		
...h...		
...h...		

Bain

O Oui   O Non

Commentaires

Un petit mot de cette journée...

Jour 9

Allaitement / Biberon

Heure	Quantité	Sein G / D		Commentaires
h	mL/g	O	O	
h	mL/g	O	O	
h	mL/g	O	O	
h	mL/g	O	O	
h	mL/g	O	O	
h	mL/g	O	O	
h	mL/g	O	O	
h	mL/g	O	O	
h	mL/g	O	O	

Couches

		Commentaires
O	O	
O	O	
O	O	
O	O	
O	O	
O	O	
O	O	
O	O	
O	O	

Dodos

h	à	h	h	à	h
h	à	h	h	à	h
h	à	h	h	à	h
h	à	h	h	à	h

Activités

Médicaments et soins

Heure	Nom	Posologie
h		
h		
h		
h		

Bain

O Oui   O Non

Commentaires

Un petit mot de cette journée...

Jour 10

○ Lun   ○ Mar   ○ Mer   ○ Jeu   ○ Ven   ○ Sam   ○ Dim

Allaitement / Biberon

Heure	Quantité	Sein G / D		Commentaires
....h....	........mL/g	○	○	
....h....	........mL/g	○	○	
....h....	........mL/g	○	○	
....h....	........mL/g	○	○	
....h....	........mL/g	○	○	
....h....	........mL/g	○	○	
....h....	........mL/g	○	○	
....h....	........mL/g	○	○	
....h....	........mL/g	○	○	

Couches

		Commentaires
○	○	
○	○	
○	○	
○	○	
○	○	
○	○	
○	○	
○	○	
○	○	

Dodos

....h....	à	....h....	....h....	à	....h....
....h....	à	....h....	....h....	à	....h....
....h....	à	....h....	....h....	à	....h....
....h....	à	....h....	....h....	à	....h....

Activités

Médicaments et soins

Heure	Nom	Posologie	Commentaires
....h....			
....h....			
....h....			
....h....			

Bain

○ Oui   ○ Non

Un petit mot de cette journée...

UN AIR DE FAMILLE...

Alors ?! Verdict ?

Tu étais bien évidemment le plus beau bébé du monde entier...
Mais à qui ressemblais-tu vraiment ?

Ta maman bébé

Ton papa bébé

Tout le monde était impatient de te rencontrer... Voici les personnes qui sont venues nous voir à la maternité.

Ton faire-part

Nous étions tellement heureux que nous voulions annoncer ta naissance tant attendue au monde entier !! Nous nous sommes donc empressés d'envoyer un joli message à toute la famille et à nos amis pour te présenter !!!

Tes photos de naissance...

TA NAISSANCE

TES CADEAUX

Un grand merci !!!

Tu as été énormément gâté(e) par toute la famille, les amis et les proches...

Voici les cadeaux que l'on t'a offerts :

> « Aimer un bébé
> est un cercle sans fin,
> plus on aime, plus on reçoit,
> et plus on a envie de l'aimer »

IL ÉTAIT UNE FOIS...
NOTRE VIE AVEC TOI

TON ARRIVÉE CHEZ TOI

Enfin chez nous, avec toi...

Nous étions impatients de te faire découvrir ta maison, ta chambre et tout ce que nous avions préparé pour toi !! Voici tes premières réactions :

....
....
....
....
....
....
....
....
....
....

Tout le monde n'a pas pu te rencontrer pour de vrai à la maternité. Mais le reste de la famille et nos amis ne se sont pas fait prier pour venir nous rendre visite !

Les membres de la famille qui sont venus te voir et leurs réactions :

....
....
....
....
....
....
....
....
....
....

Les amis qui sont venus nous rendre visite :

Peut-être que certains étaient loin… mais ils suivaient ton évolution à distance.

Quelques souvenirs

...de ces rencontres !!

☀ NOS JOURNÉES

...bien remplies !!!!

Nous n'avions pas le temps de nous ennuyer avec un p'tit bout'chou comme toi !!

...mais lorsque nous étions contre toi le temps s'arrêtait instantanément...

...des moments uniques que
nous partageons avec toi !!

Ce que tu partages avec ta maman...

Ce que tu partages avec ton papa...

☽ ⭐ LES DODOS ✦

ta 1ère nuit à la maison :

O dans ta chambre   O dans notre chambre

Comment s'est-elle passée ?

ce qui t'aide à t'endormir :

✿ tes habitudes avant de te coucher :

ta 1ère nuit entière :

ton âge ?

une photo de doudou...

ton sommeil en général :

ton 1er bain à la maison : Avec qui ?   O maman   O papa   O maman & papa
Ta réaction ? ....
....
....
....
....

aimes-tu l'eau ?
....
....
....
....

en général tu prends
tes bains avec : ....
....
....
....

tes jouets dans le bain :

le bain c'est tout un rituel !!

☀ TES DÉCOUVERTES

à l'extérieur !!!

ta 1ère balade :

Ta réaction ?

🐦 ce qui attire ton attention dehors : ☀

tes réactions lorsque nous partons nous promener :

...des souvenirs, des moments que je souhaite te rappeler :

à 2 ou 4 pattes !!

un animal de compagnie avec nous ?

O Oui   O Non

Si oui, il s'appelle : ....

....

ta réaction lorsque tu es en présence d'animaux :

es-tu attiré(e) par les animaux ?

O Oui   O Non

Si oui, lesquels ? ....

....

....

....

....

....

....

....

....

....

....

....

....

....

....

....

....

....

....

....

> « Une maman porte son bébé : neuf mois dans son ventre, trois ans dans ses bras, et toute sa vie dans son coeur »

IL ÉTAIT UNE FOIS...
TA PREMIÈRE ANNÉE

TON PREMIER MOIS

TON DEUXIÈME MOIS

2

AUTOUR DE TOI

 *dur dur de te laisser !!*

il a fallu que je reprenne le travail...

O oui   O non   ....

Ton âge ? ....

qui s'occupait de toi pendant mon absence ?

les personnes ou enfants que tu as rencontrés :

3

MON TROISIÈME MOIS

4

MON QUATRIÈME MOIS

97

TES DÉCOUVERTES

...culinaires !!!

la 1ère fois que tu as goûté un aliment :

ton âge ? ....

ta réaction ? ....

ce que tu aimes (et même adores)

ce que tu aimes un peu moins...

tu es plutôt : ○ salé   ○ sucré

○ petit mangeur   ○ petit gourmand !

LES DÉCOUVERTES ...culinaires !!!

Voici un petit récapitulatif de tout ce que tu as pu goûter les premiers mois !!
Bien évidemment certains aliments étaient plus appréciés que d'autres...

date	aliment(s)	♥ ♥	commentaires

TON CINQUIÈME MOIS

TON SIXIÈME MOIS

Ton évolution au fil de ces 6 mois...

1

2

3

4

5

6

TON SEPTIÈME MOIS   7

TON HUITIÈME MOIS   8

TON NEUVIÈME MOIS

9

TON DIXIÈME MOIS

10

TES JOUETS PRÉFÉRÉS

la plupart du temps tu joues :
○ seul(e) ○ avec ....

tes jouets favoris :

ce qui t'amuse particulièrement :

aimes-tu la musique ?
tes chansons préférées :

tes jeux préférés :

tu préfères jouer :
○ dehors ○ dedans

tu es attiré(e) par :

tu adores :
imiter : ....

faire comme : ....

te déguiser : ....

11

12

Ton évolution au fil de ces 6 mois...

7

8

9

10

11

12

Voilà déjà un an que tu illumines notre quotidien... Le temps passe extrêmement vite !! C'est pour cela que nous avons voulu immortaliser ton premier anniversaire !

voici ce que nous avons fait :

les personnes présentes ce jour-là :

tu as été très gâté(e), voici tes cadeaux :

Des souvenirs

...de cette journée !!

Durant cette première année tu as énormément changé et progressé.

dorénavant, à qui ressembles-tu ?
O à maman O à papa O ....

la couleur de tes yeux : ....
la couleur de tes cheveux : ....

combien as-tu de dents ? ....

ce que tu fais avec moi :

ce que tu fais avec papa :

tu utilises plutôt la main :
O gauche O droite O les 2

tes traits de caractère :

tes petites manies rigolotes :

66

« Les souvenirs les plus réconfortants sont ceux de notre enfance. »

IL ÉTAIT UNE FOIS...
TES SOUVENIRS

TES 1ERS MOTS

ton tout premier mot :

....
....

tu as dit en premier :

O papa : ....

O maman : ....

les autres mots que tu prononces :
(avec mes traductions)

....
....
....
....
....
....
....
....
....
....
....
....
....

pas besoin de parler, tu comprends
beaucoup de choses :

....
....
....
....
....
....
....
....
....
....
....
....
....
....
....
....
....
....

ta 1ère phrase :

....
....
....
....

la position debout :

....
....
....
....

le déplacement à 4 pattes :

....
....
....

tes tous premiers pas...

ton âge ? ....

tu es avec : ....

ta réaction : ....
....
....
....
....

ta 1ère balade dehors en marchant :

....
....
....

...et en courant :

....
....
....

tu expérimentes même
de nouvelles positions :

....
....
....
....
....
....
....

TON 1ER NOËL

ton tout premier Noël :

année : 20...... âge : ....

nous avons fêté ce 1er Noël chez :

les personnes présentes :

le Père Noël t'a apporté :

☐ ....
☐ ....
☐ ....
☐ ....
☐ ....
☐ ....
☐ ....
☐ ....
☐ ....
☐ ....
☐ ....
☐ ....
☐ ....
☐ ....
☐ ....

ta réaction devant tous ces cadeaux :

à la montagne :

date : ....
ton âge : ....
ta réaction : ....
....
....
....
....

à la mer :

date : ....
ton âge : ....
ta réaction : ....
....
....
....

tes préférences : ○ la montagne   ○ la mer   ○ ....
....

tes 1ères vacances

chez : ....
date : ....
ton âge : ....
combien de temps ? ....
ta réaction : ....
....

chez : ....
date : ....
ton âge : ....
combien de temps ? ....
ta réaction : ....
....
....

ton 1er grand trajet en voiture :

date : ....
destination : ....
ta réaction : ....

...et en avion ?

date : ....
destination : ....
ta réaction : ....
....
....
....

TES 1ERS EXPLOITS

ton 1er repas tout(e) seul(e) :

date : ....

ton âge : ....

ta réaction : ....

....

tes exploits sportifs :

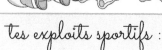

les jeux de motricité que tu adores :

les activités manuelles que tu fais :

ton 1er pipi au pot :

ton âge ? ....

ta réaction ? ....

....

....

TON PETIT CARACTÈRE

de manière générale tu es

ce que tu aimes :

ce que tu aimes un peu moins :

tes 1ères bêtises :

tes 1ères colères :

D'AUTRES SOUVENIRS...

Il y a tellement de choses à raconter sur toi ou sur notre quotidien depuis que tu es arrivé(e) dans notre vie que j'ai préféré écrire ici des souvenirs qui me tiennent à cœur...

UN PETIT MOT POUR TOI

de la part de ta maman...

Ton premier livre de souvenirs s'achève mais heureusement il nous reste des tas de choses à découvrir et à partager ensemble...

C'est donc le moment idéal pour t'ouvrir mon coeur à travers ces quelques lignes...

Ta maman...

NOTE DE L'AUTEUR

"J'espère que ce journal vous a permis de réunir de très beaux souvenirs que vous pourrez redécouvrir plus tard avec votre enfant.

Etant moi-même maman j'ai pris beaucoup de plaisir à confectionner ce livre et j'espère qu'il vous a apporté entière satisfaction.

N'hésitez pas à me laisser un commentaire sur la page de vente, je serai ravie de vous lire.

a commentaire

Je vous dis à très bientôt pour de nouvelles aventures..."

Retrouvez toutes mes créations sur la page auteur mais également sur les réseaux :

f Oclairdelune.collection 📷

Dans la même collection : Les carnets de Suivi Bébé

Printed by Amazon Italia Logistica S.r.l.
Torrazza Piemonte (TO), Italy

51138064R00071